Impressum
Verlag: BABADADA GmbH, Nedderfeld 112 , 22529 Hamburg
Geschäftsführer / Verlagsleitung: Harald Hof
Druck: Books on Demand GmbH, In de Tarpen 42, 22848 Norderstedt

Imprint
Publisher: BABADADA GmbH, Nedderfeld 112 , 22529 Hamburg, Germany
Managing Director / Publishing direction: Harald Hof
Print: Books on Demand GmbH, In de Tarpen 42, 22848 Norderstedt, Germany

učiona / 教室

deliti / 除

186/2

ploča / 黑板

nastavnik / 老师

školsko dvorište / 校园

papir / 纸

pisati / 书写

hemijska olovka / 钢笔

pisaći stol / 办公桌

lenjir / 直尺

knjiga / 书

učenik / 学生

torba

书包

pernica

铅笔盒

grafitna olovka

铅笔

šiljilo za olovke

卷笔刀

gumica za brisanje

橡皮擦

blok za crtanje

画板

crtež
图画

kist
画笔

kutija sa bojama
颜料盒

makaze
剪刀

lepilo
胶水

beležnica
练习册

domaći zadatak
家庭作业

12

broj
数字

2+2

sabirati
加

5-2

oduzimati
减

2×2

množiti
乘

računati
计算

A

slovo
字母

ABCDEFG
HIJKLMN
OPQRSTU
VWXYZ

abeceda
字母表

hello

reč
字

tekst

课文

čitati

读

kreda

粉笔

čas

上课

dnevnik

登记

ispit

考试

svedočanstvo

证书

školska uniforma

校服

obrazovanje

教育

leksikon

百科全书

univerzitet

大学

mikroskop

显微镜

karta

地图

košara za papir

废纸筐

hotel
酒店

Grand

prenoćište
青年旅社

menjačnica
外币兑换处

kofer
手提箱

auto
汽车

jezik
语言

da / ne
是/否

okej
好的

zdravo
您好

prevodilac
翻译员

hvala
谢谢

Koliko košta...?

......多少钱？

ne razumem

我不明白

problem

问题

dobro veče!

晚上好！

Dobro jutro!

早上好！

Laku noć!

晚安！

doviđenja

再见

smer

方向

prtljaga

行李

torba

包

ruksak

双肩包

gost

客人

soba

房间

vreća za spavanje

睡袋

šator

帐篷

turističke informacije

旅游信息

plaža

海滩

kreditna kartica

信用卡

doručak

早餐

ručak

午餐

večera

晚餐

karta za vožnju

票

lift

电梯

poštanska markica

邮票

granica

边界

carina

海关

ambasada

大使馆

viza

签证

pasoš

护照

avion
飞机

brod
船

vatrogasno vozilo
消防车

autobus
公交车

teretno vozilo
卡车

motorni čamac
汽艇

bicikl
自行车

auto
汽车

trajekt

摆渡船

čamac

小船

motocikl

摩托车

policijski auto

警车

trkaći auto

赛车

iznajmljeno auto

租车

delenje automobila
拼车

vučno vozilo
拖车

vozilo za odvoz smeća
垃圾车

motor
发动机

benzin
汽油

benzinska stanica
加油站

saobraćajni znak
交通标志

saobraćaj
交通

zastoj
交通堵塞

parkiralište
停车场

železnička stanica
火车站

šine
轨道

voz
火车

tramvaj
电车

vagon
货车

helikopter

直升机

aerodrom

机场

kula

塔

putnik

乘客

kontejner

集装箱

karton

纸板箱

kolica

手推车

korpa

篮子

uzleteti / sleteti

起飞/降落

grad

城市

selo

村庄

centar grada

市中心

kuća

房子

kino
电影院

reklama
广告

ulična svetiljka
路灯

ulica
街道

taksi
出租车

kiosk
小吃店

pešak
行人

trotoar
人行道

raskrsnica
十字路口

pešački prelaz
斑马线

kontejner za otpad
垃圾箱

semafor
红绿灯

koliba
小屋

stan
公寓

železnička stanica
火车站

većnica
市政厅

muzej
博物馆

škola
学校

univerzitet

大学

banka

银行

bolnica

医院

hotel

酒店

apoteka

药房

kancelarija

办公室

knjižara

书店

prodavnica

商店

cvećara

花店

supermarket

超市

trg

市场

robna kuća

百货商店

ribarnica

鱼店

trgovački centar

购物中心

luka

海港

park

公园

klupa

长凳

most

桥

stepenice

楼梯

podzemna železnica

地铁

tunel

隧道

autobuska stanica

公交车站

bar

酒吧

restoran

餐馆

poštansko sanduče

邮筒

ulični znak

路标

parkirni automat

停车计时器

zoološki vrt

动物园

bazen

游泳馆

džamija

清真寺

grad - 城市　　　　13

seosko gazdinstvo

农场

zagađenje okoline

污染

groblje

墓地

crkva

教堂

igralište

操场

hram

寺庙

pejsaž
地形

list
树叶

putokaz
指示牌

put
路

livada
草地

kamen
石头

šetač
徒步旅行
者

drvo
树

reka
河

trava
草

cvijet
花

dolina

峡谷

planina

山

jezero

湖

šuma

森林

pustinja

沙漠

vulkan

火山

dvorac

城堡

duga

彩虹

gljiva

蘑菇

palma

棕榈树

moskito

蚊子

muva

苍蝇

mrav

蚂蚁

pčela

蜜蜂

pauk

蜘蛛

buba

甲虫

žaba

青蛙

veverica

松鼠

 jež

刺猬

zec

野兔

sova

猫头鹰

ptica

鸟

labud

天鹅

divlja svinja

野猪

jelen

鹿

los

麋鹿

nasip

水坝

vetrenjača

风力发电机

solarna ploča

太阳能电池板

klima

气候

konobar
服务员

jelovnik
菜单

stolica
椅子

supa
汤

pica
披萨饼

pribor za jelo
餐具

stolnjak
桌布

predjelo

前菜

glavno jelo

主菜

desert

甜点

napitci

饮料

jelo

食物

flaša

瓶子

brza hrana

快餐

imbis hrana

街边小吃

čajnik

茶壶

doza za šećer

糖盒

porcija

一份饭菜

aparat za espresso

意式咖啡机

visoka stolica

高脚椅

račun

账单

poslužavnik

托盘

nož

刀

viljuška

餐叉

kašika

勺子

čajna kašika

茶匙

salveta

餐巾

čaša

玻璃杯

tanjir

碟子

tanjir za supu

汤盘

tanjirić

碟子

sos

酱

soljenka

盐瓶

mlin za biber

胡椒磨

sirće

醋

ulje

食用油

začini

调味料

kečap

番茄酱

senf

芥末

majoneza

蛋黄酱

ponuda
特价

kupac
顾客

mlečni proizvodi
乳制品

FOR

voće
水果

kolica za kupovinu
购物车

mesnica

肉铺

pekara

面包房

vagati

称重

povrće

蔬菜

meso

肉

smrznuta hrana

冷冻食品

narezak

冷盘

konzerve

罐头食品

sredstvo za pranje

洗衣粉

slatkiši

甜食

artikli za domaćinstvo

日用品

sredstva za čišćenje

清洁用品

prodavačica

销售员

blagajna

收银机

blagajnik

收银员

lista za kupovinu

购物清单

vreme rada

开放时间

novčanik

钱包

kreditna kartica

信用卡

torba

袋子

plastična kesa

塑料袋

napitci
饮料

voda

水

sok

果汁

mleko

牛奶

kola

可乐

vino

红酒

pivo

啤酒

alkohol

酒

kakao

可可

čaj

茶

kava

咖啡

espresso

意式浓缩咖啡

cappuccino

卡布奇诺

banana

香蕉

jabuka

苹果

narandža

橙子

lubenica

西瓜

limun

柠檬

šargarepa

胡萝卜

beli luk

大蒜

bambus

竹子

luk

洋葱

gljiva

蘑菇

orašasti plodovi

坚果

rezanci

面条

špagete

意大利面条

riža

米饭

salata

沙拉

pomfrit

薯条

pečeni krumpir

炸土豆

pica

披萨饼

hamburger

汉堡包

sendvič

三明治

šnicla

炸猪排

šunka

火腿

salama

萨拉米

kobasica

香肠

kokoš

鸡肉

pečenje

烤肉

riba

鱼

zobene pahuljice

燕麦片

musli

穆兹利

kukuruzne pahuljice

玉米片

brašno

面粉

kroasan

羊角面包

pecivo

面包卷

hleb

面包

toast

烤面包

keksi

饼干

maslac

黄油

sveži sir

凝乳

kolač

蛋糕

jaje

蛋

jaje na oko

煎蛋

sir

奶酪

sladoled

冰激凌

šećer

糖

med

蜂蜜

marmelada

果酱

nugat krema

巧克力酱

kari

咖喱饭

seoska kuća
农舍

bale sena
稻草捆

ambar
粮仓

polje
田野

konj
马

prikolica
拖车

ždrebe
马驹

traktor
拖拉机

magarac
驴

ovca
羊

lane
羔羊

koza

山羊

krava

奶牛

tele

牛犊

svinja

猪

prase

小猪

bik

公牛

guska

鹅

patka

鸭

pilići

小鸡

kokoš

母鸡

petao

公鸡

pacov

鼠

mačka

猫

miš

老鼠

vol

牛

pas

狗

kućica za psa

狗屋

vrtno crevo

花园浇水软管

kanta za polivanje

洒水壶

kosa

长柄大镰刀

plug

犁

srp

镰刀

motika

锄头

viljuška za đubrivo

长柄草耙

sekira

斧头

tačke

独轮手推车

korito

饲料槽

posuda za mleko

牛奶罐

vreća

麻布袋

ograda

栅栏

štala

马厩

staklenik

温室

zemlja

土壤

seme

种子

đubrivo

肥料

kombajn

联合收割机

žeti

收割

žetva

收割

jams začin

山药

pšenica

小麦

soja

大豆

krumpir

土豆

kukuruz

玉米

uljana repica

油菜籽

voćka

果树

gomolj manioke

树薯

žitarice

谷物

dimnjak
烟囱

krov
屋顶

žleb
落水管

prozor
窗户

garaža
车库

zvono
门铃

vrata
门

korpa za otpad
垃圾桶

poštansko sanduče
信箱

vrt
花园

dnevna soba

客厅

kupaonica

浴室

kuhinja

厨房

spavaća soba

卧室

dečija soba

儿童房

trpezarija

餐厅

pod

地板

zid

墙壁

strop

吊顶

podrum

地窖

sauna

桑拿

balkon

阳台

terasa

露台

bazen

游泳池

kosilica za travu

割草机

posteljina za krevet

被单

deka za krevet

床罩

krevet

床

metla

扫帚

kanta

水桶

prekidač

开关

tapeta
壁纸

slika
照片

svetiljka
台灯

regal
搁架

ormar
橱柜

televizija
电视机

kamin
壁炉

cvijet
花

jastuk
垫子

kauč
沙发

vaza
花瓶

daljinski upravljač
遥控器

tepih

地毯

zavesa

窗帘

sto

餐桌

stolica

椅子

stolica za njihanje

摇椅

fotelja

扶手椅

knjiga

书

deka

毯子

dekoracija

装饰品

drvo za ogrev

木柴

film

电影

hi-fi uređaj

高保真音响

ključ

钥匙

novine

报纸

slika na platnu

油画

poster

海报

radio

收音机

blok za pisanje

笔记本

usisivač

吸尘器

kaktus

仙人掌

sveća

蜡烛

frižider
冰箱

mikrotalasna rerna
微波炉

kuhinjska vaga
厨房秤

toaster
烤面包机

sredstvo za čišćenje
洗洁精

rerna
烤箱

pretinac za zamrzavanje
冰柜

korpa za otpad
垃圾桶

mašina za pranje suđa
洗碗机

šporet

炊具

lonac

锅

gvozdeni lonac

铸铁锅

wok / kadai

炒锅

tava

平底锅

kuvalo za vodu

水壶

kuvalo na paru

蒸锅

lim za pečenje

烤盘

posuđe

陶瓷锅

čaša

马克杯

posuda

碗

štapići za jelo

筷子

kutlača

长柄勺

lopatica

铲子

penjača

搅拌器

sito za kuvanje

滤网

sito

筛子

ribež

磨碎机

mužar

研钵

roštilj

烧烤

ognjište

明火

daska

菜板

oklagija

擀面杖

vadičep

开瓶器

konzerva

罐子

otvarač konzervi

开罐器

krpa za lonac

隔热手套

sudoper

水槽

četka

刷子

sunđer

海绵

mikser

搅拌机

zamrzivač

冷藏箱

flašica za bebe

奶瓶

slavina za vodu

水龙头

tuš
淋浴

grejanje
供暖设备

peškir
毛巾

zavesa za tuš
浴帘

penušava kupka
泡沫浴

kada
浴缸

čaša
玻璃杯

mašina za pranje veša
洗衣机

slavina za vodu
水龙头

pločice
瓷砖

tuta
便壶

sudoper
水槽

toalet

厕所

čučavac

蹲便器

bidet

坐浴器

pisoar

小便池

toaletni papir

厕纸

četka za toalet

马桶刷

četkica za zube

牙刷

pasta za zube

牙膏

konac za zube

牙线

prati

洗

tuš ručica

手持式喷淋头

tuš za pranje intimnih dijelova

冲洗器

lavor

洗脸盆

četka za pranje leđa

擦背刷

sapun

肥皂

gel za tuširanje

沐浴露

šampon

洗发水

krpa za pranje

法兰绒

odvod

排水

krema

乳霜

dezodorans

除臭剂

ogledalo

镜子

kozmetičko ogledalo

手镜

brijač

剃须刀

pena za brijanje

剃须泡沫

losion za posle brijanja

须后水

češalj

梳子

četka

刷子

fen za kosu

吹风机

sprej za kosu

喷发定型剂

makeup

化妆品

ruž za usne

唇膏

lak za nokte

指甲油

vata

化妆棉

makaze za nokte

指甲剪

parfem

香水

kozmetička torbica

洗漱包

stolica

凳子

vaga

计重秤

ogrtač

浴袍

rukavice za čišćenje

橡胶手套

tampon

卫生棉条

uložak

卫生巾

hemijski toalet

化学厕所

budilnik
闹钟

plišana igračka
毛绒玩具

auto igračka
玩具车

zvečka
拨浪鼓

kućica za lutke
玩具屋

poklon
礼物

balon

气球

krevet

床

dječija kolica

（洋娃娃用）婴儿车

igra s kartama

扑克牌

slagalica

拼图

strip

漫画

lego kockice

乐高积木

kockice za slaganje

积木玩具

akcioni junak

玩具人

benkica za bebe

婴儿服

frizbi

飞盘

viseće igračke

床铃玩具

društvene igre

棋盘游戏

kocka

骰子

minijaturna željeznica

火车模型

duda

安抚奶嘴

zabava

聚会

slikovnica

绘本

lopta

球

lutka

洋娃娃

igrati

玩

pješčanik

沙坑

ljuljačka

秋千

igračka

玩具

konzola za igre

游戏机

tricikl

三轮车

tedi

泰迪熊

ormar

衣柜

odeća

衣服

kratke čarape

袜子

čarape

长袜

hulahopke

紧身裤

šal
围巾

kišobran
雨伞

majica
T恤

kaiš
皮带

čizme
靴子

papuče
拖鞋

patike
运动鞋

sandale

凉鞋

cipele

鞋

gumene čizme

雨靴

gaćice

内裤

grudnjak

胸罩

potkošulja

背心

bodi

身体

pantalone

裤子

farmerke

牛仔裤

suknja

短裙

bluza

女式衬衫

košulja

衬衫

džemper

套头衫

džemper s kapuljačom

卫衣

sako

西装夹克

jakna

夹克

kaput

外套

kabanica

雨衣

kostim

套装

haljina

连衣裙

venčanica

婚纱

odelo

西装

spavaćica

睡袍

pidžama

睡衣

sari

莎丽

marama za glavu

头巾

turban

包头巾

burka

波卡

kaftan

卡夫坦

abaja

(阿拉伯式)长袍

kupaći kostim

泳衣

kupaće gaćice

男式泳裤

kratke pantalone

短裤

odeća za trening

运动服

kecelja

围裙

rukavice

手套

dugme

纽扣

naočare

眼镜

narukvica

手链

ogrlica

项链

prsten

戒指

naušnica

耳环

kapa

便帽

vešalica

衣架

šešir

帽子

kravata

领带

patent zatvarač

拉链

kaciga

头盔

naramenice

背带

školska uniforma

校服

uniforma

制服

podbradak

围兜

duda

安抚奶嘴

pelena

尿不湿

kancelarija
办公室

server
服务器

ormar za spise
文件柜

štampač
打印机

monitor
显示屏

papir
纸

miš
鼠标

pisaći stol
办公桌

mapa
文件夹

tastatura
键盘

košara za papir
废纸筐

stolica
椅子

kompjuter
电脑

šalica za kavu

咖啡杯

kalkulator

计算器

internet

因特网

laptop

笔记本电脑

pismo

信件

poruka

消息

mobilni telefon

手机

mreža

网络

uređaj za kopiranje

复印机

softver

软件

telefon

电话

utičnica

插座

faks

传真机

formular

表格

dokument

文件

kupovati

买

platiti

付钱

trgovati

交易

novac

现金

dolar

美元

evro

欧元

jen

日元

rublja

卢布

švajcarski franak

瑞士法郎

renmindbi juan

人民币

rupija

卢比

automat za novac

提款处

menjačnica

外币兑换处

zlato

金

srebro

银

nafta

石油

energija

能源

cena

价格

ugovor

合同

porez

税金

deonica

股票

raditi

工作

službenik

职员

poslodavac

老板

fabrika

工厂

prodavnica

商店

policajac
警官

vatrogasac
消防员

kuvar
厨师

lekar
医生

pilot
飞行员

vrtlar

园丁

stolar

木匠

krojačica

裁缝

sudija

法官

hemičar

化学家

glumac

演员

vozač autobusa

公交车司机

vozač taksija

出租车司机

ribar

渔夫

čistačica

清洁女工

krovopokrivač

屋顶工

konobar

服务员

lovac

猎人

slikar

画家

pekar

面包师

električar

电工

građevinski radnik

建筑工人

inženjer

工程师

mesar

屠夫

limar

水管工

poštar

邮递员

vojnik

士兵

arhitekta

建筑师

blagajnik

收银员

cvećar

花农

frizer

理发师

kondukter

售票员

mehaničar

机械师

kapetan

船长

zubar

牙医

naučnik

科学家

rabi

拉比

imam

伊玛目

monah

和尚

svećenik

牧师

čekić
铁锤

klešta
钳子

odvijač
螺丝刀

ključ za zavrtnje
扳手

džepna lampa
手电筒

bager

挖掘机

kutija za alat

工具箱

merdevine

梯子

pila

锯子

ekser

钉子

bušilica

钻机

popraviti

修

lopata

铲子

do đavola!

靠！

lopatica

簸箕

lonac za boju

油漆桶

zavrtanji

螺丝

muzički instrument

乐器

zvučnik
扬声器

bubnjevi
打击乐器 ◢

kontrabas
低音提琴

truba
小号

gitara
吉他 ◢

klavir

钢琴

violina

小提琴

bas

贝斯

timpani

定音鼓

udaraljke za bubnjeve

鼓

tipke klavira

电子琴

saksofon

萨克斯管

flauta

长笛

mikrofon

麦克风

tigar
老虎

ulaz
入口

kavez
笼子

zebra
斑马

hrana za životinje
动物饲料

panda
熊猫

životinje

动物

slon

大象

kengur

袋鼠

nosorog

犀牛

gorila

大猩猩

medved

熊

kamila

骆驼

noj

鸵鸟

lav

狮子

majmun

猴子

flamingo

火烈鸟

papagaj

鹦鹉

polarni medved

北极熊

pingvin

企鹅

ajkula

鲨鱼

paun

孔雀

zmija

蛇

krokodil

鳄鱼

čuvar u zoološkom vrtu

动物园管理员

tuljan

海豹

jaguar

美洲豹

poni

矮种马

leopard

豹

nilski konj

河马

žirafa

长颈鹿

orao

老鹰

divlja svinja

野猪

riba

鱼

kornjača

龟

morž

海象

lisica

狐狸

gazela

羚羊

američki nogomet
橄榄球

biciklizam
骑自行车

tenis
网球

košarka
篮球

plivanje
游泳

boks
拳击

hokej na ledu
冰球

fudbal
英式足球

badminton
羽毛球

atletika
田径

rukomet
手球

skijanje
滑雪

polo
马球

skočiti
跳

zagrliti
拥抱

smejati se
笑

ići
走路

pevati
唱

moliti se
祈祷

poljubiti
亲吻

sanjati
做梦

pisati

书写

crtati

画

pokazati

展示

gurati

推

dati

给

uzeti

拿

imati

有

činiti

做

biti

当

stojati

站

trčati

跑

povlačiti

拉

baciti

扔

padati

摔倒

ležati

躺

čekati

等待

nositi

携带

sediti

坐

oblačiti

穿衣

spavati

睡觉

probuditi se

醒来

gledati

看

plakati

哭

milovati

抚摸

češljati

梳头

govoriti

交谈

razumeti

明白

pitati

问

slušati

听

piti

喝

jesti

吃

pospremiti

清理

voleti

爱

kuhati

做饭

voziti

开车

leteti

飞

ploviti

航行

računati

计算

čitati

读

učiti

学习

raditi

工作

venčati se

结婚

šiti

缝

prati zube

刷牙

ubiti

杀

pušiti

抽烟

poslati

寄

baka
祖母

deda
祖父

otac
父亲

majka
母亲

beba
婴童

kćerka
女儿

sin
儿子

gost

客人

tetka

阿姨

ujak, stric

叔叔

brat

兄弟

sestra

姐妹

čelo
前额

oko
眼睛

rame
肩膀

prst
手指

lice
脸

brada
下巴

ruka
手

grudi
乳房

noga
腿

ruka
手臂

beba

婴童

muškarac

男人

žena

女人

devojčica

女孩

dečak

男孩

glava

头

leđa

背部

stomak

肚子

pupak

肚脐

nožni prst

脚趾

peta

脚后跟

kost

骨头

kukovi

臀部

koleno

膝盖

lakat

手肘

nos

鼻子

zadnjica

屁股

koža

皮肤

obraz

脸颊

uvo

耳朵

usna

嘴唇

usta

嘴

zub

牙齿

jezik

舌头

mozak

脑

srce

心脏

mišić

肌肉

pluća

肺

jetra

肝脏

želudac

胃

bubrezi

肾脏

polni odnos

性交

kondom

避孕套

jajna ćelija

卵子

sperma

精子

trudnoća

怀孕

menstruacija

月经

vagina

阴道

penis

阴茎

obrva

眉毛

kosa

头发

vrat

脖子

bolnica
医院

bolničko vozilo
救护车

invalidska kolica
轮椅

lom
骨折

lekar

医生

hitna medicinska služba

急诊室

medicinska sestra

护士

hitni slučaj

紧急情况

nesvest

昏迷

bol

痛

povreda

受伤

krvarenje

出血

srčani udar

心脏病发作

udar

中风

alergija

过敏

kašalj

咳嗽

groznica

发烧

gripa

流感

proliv

腹泻

glavobolja

头痛

rak

癌症

dijabetes

糖尿病

hirurg

外科医生

skalpel

手术刀

operacija

手术

ct

CT

rentgen

X光

ultrazvuk

超声波

maska

口罩

bolest

疾病

čekaona

候诊室

štaka

拐杖

flaster

石膏

zavoj

绷带

injekcija

注射

stetoskop

听诊器

nosila

担架

termometar

体温计

rođenje

出生

prekomerna težina

超重

slušni aparat

助听器

sredstvo za dezinfekciju

消毒液

infekcija

感染

virus

病毒

HIV / AIDS

艾滋病

medicina

药物

vakcinacija

接种疫苗

tablete

药片

pilula

药丸

hitni poziv

急救电话

uređaj za merenje pritiska

血压计

bolesno / zdravo

生病/健康

pomoć!

救命！

alarm

警报

nasrtaj

突击

napad

攻击

opasnost

危险

izlaz u slučaju nužde

紧急出口

požar!

着火啦！

protivpožarni aparat

灭火器

nezgoda

意外

kutija prve pomoći

急救箱

sos

呼救信号

policija

警察

Evropa

欧洲

Severna Amerika

北美洲

Južna Amerika

南美洲

Afrika

非洲

Azija

亚洲

Australija

澳洲

Atlantik

大西洋

Pacifik

太平洋

Indijski okean

印度洋

Antarktički okean

南冰洋

Arktički ocean

北冰洋

Severni pol

北极

Južni pol
南极

Antarktik
南极洲

zemlja
地球

zemlja
陆地

more
海

otok
岛

nacija
国家

država
国家

brojčanik sata

钟面

satna kazaljka

时针

minutna kazaljka

分针

sekundna kazaljka

秒针

Koliko je sati?

现在几点？

dan

天

vreme

时间

sada

现在

digitalni sat

电子表

minuta

分

čas

时

ponedeljak
周一

sreda
周三

petak
周五

utorak
周二

četvrtak
周四

subota
周六

nedelja
周日

juče
昨天

danas
今天

sutra
明天

jutro
早晨

podne
中午

veče
晚上

radni dani
工作日

vikend
周末

kiša
▶ 雨

duga
▶ 彩虹

sneg ◀
雪

vetar ◀
风

proleće
春

jesen
秋
▶

leto
夏 ◀

zima
冬

meteorološka prognoza

天气预报

termometar

温度计

sunčana svetlost

阳光

oblak

云

magla

雾

vlažnost vazduha

潮湿

munja

闪电

grmljavina

打雷

oluja

风暴

tuča

冰雹

monsun

季风

poplava

洪水

led

冰

januar

一月

februar

二月

mart

三月

april

四月

maj

五月

juni

六月

juli

七月

avgust

八月

septembar

九月

oktobar

十月

novembar

十一月

decembar

十二月

oblici

形状

krug

圆形

kvadrat

正方形

pravougao

长方形

trougao

三角形

kugla

球体

kocka

立方体

bela

白

žuta

黄

narandžasta

橙

ružičasta

粉

crvena

红

ljubičasta

紫

plava

蓝

zelena

绿

smeđa

棕

siva

灰

crna

黑

mnogo / malo

很多/少许

ljutito / mirno

生气/平静

lepo / ružno

美/丑

početak / kraj

首/尾

veliko / maleno

大/小

svetlo / tamno

明/暗

brat / sestra

兄弟/姐妹

čisto / prljavo

干净/肮脏

potpuno / nepotpuno

完整/缺失

dan / noć

白天/晚上

mrtvo / živo

死/生

široko / usko

宽/窄

jestivo / nejestivo

可食用/非食用

zlo / dobro

邪恶/善良

uzbuđeno / dosadno

兴奋/无聊

debelo / mršavo

胖/瘦

na početku / na kraju

第一/最后

prijatelj / neprijatelj

朋友/敌人

puno / prazno

满/空

tvrdo / mekano

硬/软

teško / lagano

重/轻

glad / žeđ

饿/渴

bolesno / zdravo

生病/健康

ilegalno / legalno

非法/合法

pametno / glupo

聪明/愚笨

levo / desno

左/右

blizu / daleko

近/远

novo / polovno

新/旧

ništa / nešto

没有/有些

staro / mlado

老/幼

uključeno / isključeno

开/关

otvoreno / zatvoreno

打开/合上

tiho / glasno

安静/吵闹

bogato / siromašno

富/穷

tačno / pogrešno

对/错

hrapavo / glatko

粗糙/光滑

tužno / sretno

伤心/高兴

kratko / dugo

短/长

polako / brzo

慢/快

mokro / suho

湿/干

toplo / hladno

温暖/凉爽

rat / mir

战争/和平

0

nula

零

1

jedan

一

2

dva

二

3

tri

三

4

četiri

四

5

pet

五

6

šest

六

7

sedam

七

8

osam

八

9

devet

九

10

deset

十

11

jedanaest

十一

12
dvanaest

十二

13
trinaest

十三

14
četrnaest

十四

15
petnaest

十五

16
šestnaest

十六

17
sedamnaest

十七

18
osamnaest

十八

19
devetnaest

十九

20
dvadeset

二十

100
stotinu

百

1.000
hiljadu

千

1.000.000
milion

百万

engleski

英语

američki engleski

美式英语

mandarinski kineski

普通话

hindski

印地语

španski

西班牙语

francuski

法语

arapski

阿拉伯语

ruski

俄语

portugalski

葡萄牙语

bengalski

孟加拉语

nemački

德语

japanski

日语

ja

我

ti

你

on / ona / ono

他/她/它

mi

我们

vi

你们

oni

他们

Ko?

谁？

Šta?

什么？

Kako?

怎样？

Gde?

哪里？

Kada?

什么时候？

ime

名字

iza

后面

u

里面

ispred

前面

preko

上方

na

上面

ispod

下面

pored

旁边

između

中间

mesto

地点